Inward

往內看

揚·裴布洛 yung pueblo —— 著

夏荷立 —— 譯

人類在二十一世紀將學到
兩大教訓：

傷害他人就是傷害自己

療癒自己就治癒了世界

重新找回自己的力量
療癒自己
愛自己
認識自己——
這幾句話變得
越來越常見。為什麼？

因為它們是通往
我們自身自由與幸福的途徑

目錄

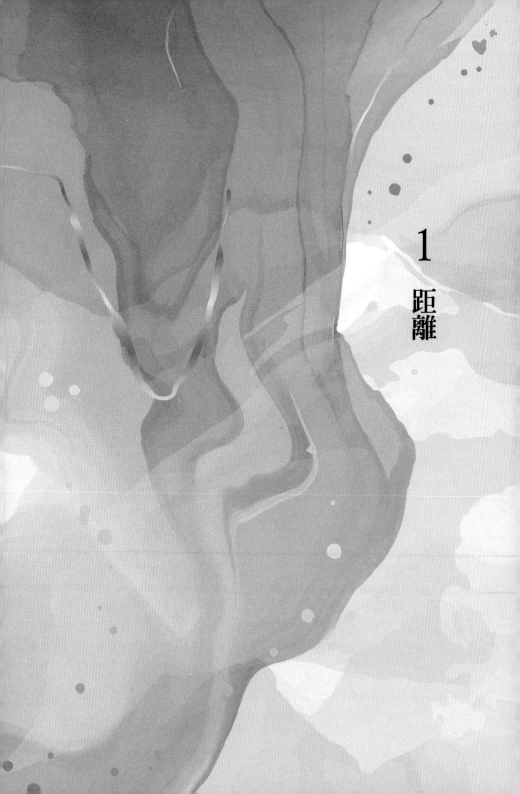

1

距離

在我能夠卸下
悲傷的重量
和痛苦之前，首先我必須
尊重它的存在

我從不沉迷於任何一件事；
卻沉迷於
用其他東西
填補我內心的空虛
除了我自己的愛

僅僅是努力去愛別人
而沒有先愛自己
就像是在缺乏堅實的基礎之上
構築一個家

讓人生變得更艱難的三件事：

不愛自己
拒絕成長
不肯放下

我懷著一顆封閉的心
活了這麼久，
不是因為怕受到傷害
是因為怕痛
而那痛被我隱藏起來了

在我們能夠療癒並放下之前，
深深困擾我們的東西
必須先露出表面

我花了許多時間
創造各種版本的我
這些版本都與事實相去甚遠，
我會根據身邊的人
來扮演我的角色

我缺乏自信
（我不理解這份痛苦）
以及對別人索求
卻沒有給自己的愛
這帶來的不安
中間
夾著層層掩藏內心的騷動亂舞

（療癒之前）

1 距離

我一直在逃避自身的陰暗
直到我明白
我會在其中
找到我的自由

我們中的許多人對自己都很陌生，不知道什麼是真實的，不知道為什麼會有這樣的感覺，積極地壓抑對我們來說過於痛苦的經歷或想法，使我們無法觀察和釋放它們。這是人類心靈中的悖論：我們逃避自己不想面對的事，逃避帶來痛苦的感覺，也逃避沒有答案的問題。但是在逃避自己的過程中，我們也在逃避我們的自由。

正是透過觀察我們自身的一切，誠實而不帶任何批判地接受我們所觀察到的，我們才能釋放那份緊張，它在我們的腦中製造妄想，在我們的心中築起高牆。這就是為什麼自由的關鍵存在於我們的陰暗之中：因為當我們將自身的覺知之光帶入內心，觀察自身的陰暗，自我才會開始消散於虛無，潛意識才會慢慢被理解。

心智充滿了陰影，不過陰影經不起光明的耐心與堅持——我們的思想可以變得像星星一樣，成為強大且一致的純淨光場。與星星不同的是，被治癒的心將安住在覺性與智慧之中。

當我們隔絕自身的痛苦
便停止成長

當我們被痛苦支配
便停止成長

自由就是觀察自身的痛苦
放下它並繼續前進

（中道）

如果他們想要從你這裡得到的
只是滿足他們的期望
這不是愛

我最大的錯誤之一
就是相信
別人能夠 hold 住所有破碎的我

確保

你築起來保護自己的圍牆

不要變成一座監獄

當我們不知道如何投入自我療癒，外部世界的變化就會造成極大的不幸。我們在痛苦與不適的時刻，或是遇到可能打破我們建造這個世界的心理意象時，通常我們不僅會逃避事情，也會築起牆來保護自己。我們不知如何是好的時候，在腦海和心裡築起這些牆是有意義的。我們都有權利保護自己免於受苦，但是要注意啊，這些障壁可能從保護牆變成囚籠——我們在自己身邊築起的牆越多，能夠成長和自由的空間就越小。當我們被自己築起的心理圍牆所包圍，就很難擺脫造成痛苦的習慣，這些習慣致使我們停滯不前，陷入一種節奏，一直在慢慢變小的空間裡奔跑。

這種存在模式的反面就是養成一種習慣，幫助我們深入自己的內心，移除牆壁，治癒造成我們痛苦的模式，擺脫負擔和創傷，發現存在於我們每個人內心的宇宙。當我們向內探索，排除最初用來築牆的障壁，自然而然會開始創造更廣闊的、新的覺知空間。現在，一旦外部世界發生事情，我們會有更多的空間和時間來審視自己想要如何回應，而不是盲目地反應，強化舊有的模式。

身體容納我們過去的情緒

療癒工作則是創造空間
去釋放
我們很久以前的感受

不要逃避沉重的情緒

尊重憤怒；
讓疼痛有喘息的空間

這就是我們放下的方式

提個醒：

身體疲憊時
心往往會製造憂慮
以集中注意力

不時問問自己：

我是否準確地觀察處境，
還是將自己的感受
投射到正在發生的事情上？

有時候
我們感覺好像就要爆炸了
並不是因為任何事
或是要傷害任何人

只是因為我們在成長
在放手
讓老舊的部分死去
好讓新的習慣
新的存在之道
有生存的空間

（蛻變）

有時候
在更深的心智清明之前
會有巨大的內在風暴

治癒自己可能會很麻煩

誠實看待自己
可能令人不快且難以接受；
甚至會造成生活暫時失去平衡

敞開自己的心扉
減輕自己的重負
這麼做確實很難

就像拔除身上的刺，
一開始可能會很痛，
最終都是為了你的最大利益

新的成長
降雨的烏雲是必要的

向昔日的戀人致歉：

我沒有準備好
要好好對你

我不知道愛情
應該是無私的

我不知道我的痛苦
控制了我的行為

我不知道我離自己有多遠
而那段距離
總是讓我們相距千里

（盲目的心）

當激情與執著湊在一起，
往往被誤認為是愛

我花了大半輩子
試圖對自己也對別人證明
我沒有痛苦
也沒有悲傷

有些人要在跌落谷底之前
才會徹底改變自己
因為那樣的差距他們才看得清楚
自己真正想要成為什麼樣的人

提問：

我對自己是否誠實？

我是否有給自己療癒的空間？

當我未能如預期
迅速達成目標
我對自己是否有慈悲心和耐心？

為了茁壯成長，我是否在做我該做的？

自我是
自我懷疑
自我憎恨
焦慮
自戀
對他人的恐懼
嚴苛
急切不耐
缺乏慈悲心
還有假象

自我看到問題

意識則見到解決方案

自我不僅僅是認為自己比別人更好，比別人更重要的想法；當我們不再相信自己有能力做大事，當我們不但看不起自己且嚴厲對待自己，這時候它最常以受恐懼驅動的情緒形式出現，牢牢占據我們的心靈。

自我促使我們透過可怕的幻想去看這個世界；它讓我們懲罰自己，並用同樣的方式去懲罰別人。

自我是包圍意識、擾亂它清明的雲。當我們培養自愛，自我就會縮小；當我們淨化自己，放下心理負擔，自我便會失去力量。當我們學會自我療癒，就不會憎恨自我，也不會為它給我們生活帶來的限制而沾沾自喜。當自我不再主導，當意識之愛可以不斷地流動，最高的幸福，最深的自由感，無法撼動的平靜就是可能的。

世界本身正在發生轉變，從被自我的恐懼所支配轉向被意識之愛解放；我們內心所面對的正是全球人類所面對的縮影——這就是為什麼培養自愛是給地球的一帖良藥。

如果你測量
自我的長度，
它會等於
你和自由之間的距離

如果你距離自己很遠

如何能靠近另一個人？

我們內心正在發生的
會在行動和語言的能量中顯現出來

誠實建立親密關係
減少生活混亂

不誠實造成距離與問題
不得不在日後處理

如果不成長，
我們可能正受著傷

變化無時無刻不在。宇宙的常數，即無常的運動，在我們周遭和內心的世界都是顯而易見的。

如果仔細觀察大自然，就會發現萬物都處於動態變化的恆定狀態中。樹木是個很好的例子：從生長轉變為釋放的經歷，交替循環，一直活著，一直在生長。如果我們拒絕成長，就是違背自然的流動；變動的巨流是如此強大，大到抗拒它只會造成困境。

有時候成長難免會痛，但是它幫助我們挺身成就更好的自己，這種痛是比較容易忍受的。

悲傷帶給我最好的禮物
是轉變的動力

別讓晦暗不明的心騙你

去做已經受夠了的事

提個醒：

你可以去愛別人
同時不讓他們傷害你

人們最常受的苦

就是對自己的力量缺乏信心

如此支離破碎
陷得這麼深
你唯一能做的就是奮起
成為全新的自己

（浴火鳳凰）

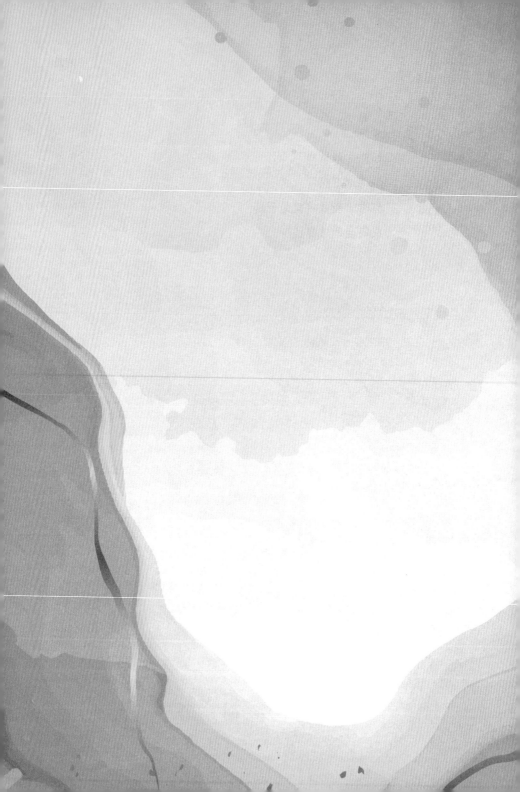

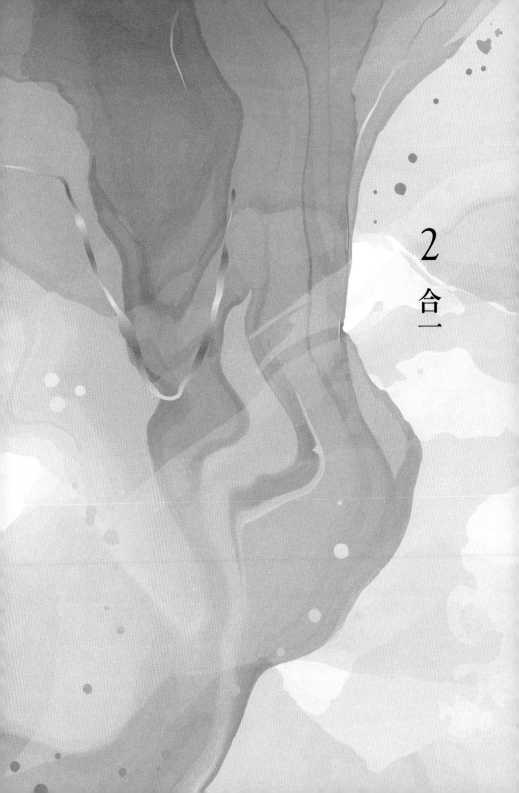

2
合一

你一直在尋找的那個療癒者
是徹底了解自己
並且完全愛自己的勇氣

不是一夕之間發生的
也不是別人帶給我的

我是促成幸福與愛
在我內心成長的創造者

以一定的步調前進
讓你的成長得以持續
既充滿挑戰
又不致於無法承受

處於大躍進的過程中
有一種傾向
就是懷疑自己的成長；
穩住，讓自己綻放

我不求改變過去

是它造就了今天的我

我只想從中學習
用新的方式生活

放手
並不代表遺忘；
它意味著我們不再將過去的能量
帶入現在

療癒始於接受，終於放下。

發生巨大的不幸時，只要我們緊抓不放，它就會一直伴隨著我們。執著之所以形成，是因為我們用來守住已經發生的事，或是心裡我們想要發生的影像，那股能量鎖在我們的思想和身體裡——這是造成生命存在緊張的原因。當我們緊抓著這些執著不放，它就會成為一種負擔，與我們同行，從過去進入現在，再到未來。甚至在我們過世很久以後，還可以傳給我們的後代。

自我療癒的奇蹟是如此強大，因為在接受和放下的過程中，我們不僅放下現在這股名為負擔的能量，同時也鬆開過去和未來的負擔。想像一下生命的時間線。現在把你背負的重擔想像成添加上去的一條線。當我們放下我們的不幸，額外添加的這一層就會變得越來越薄。它不會改變發生過的事，但是我們因這些事件而攜帶的多餘能量將不再壓垮生命的時間線。事情發生過就過去了，但從現在起這些時刻不再是對痛苦和悲傷的執著；它們成了我們從中學習的經驗，成為教訓，把我們帶向更自由、更幸福、更有智慧的當下。

當你快速成長
體驗到深刻的內觀
你再也無法用同樣的方式
看待自己
或是這個世界

善待自己
給自己時間和空間
去適應新的你

（整合）

讓我們在這個世界

騰出空間來

進行深層療癒

進步的真實徵兆
就是不再為我們的不完美
懲罰自己

你走過了火海
在洪水中悻存下來
還戰勝了惡魔

下次你對自己的力量有所懷疑時
記住這點

她相信
她的思想和心靈受到的傷害是永久性的，
直到她遇見智慧，
教導她
痛苦或傷痕都不是永久的，
一切都可以被治癒，
即使是在生命最艱硬的部分
愛也能生長

問問自己：

這份擔心是真的，
還是我的大腦在尋找可以攀附的東西？

心靈是一連串的模式

如果想要改變自己
我們應該培養新的習慣

當我們養成新的習慣
就在創造新的生活

我們的身上背負著
自己的執著與痛苦；
一旦放下
身體會發生變化

身體是移動的能量場，也是一套訊息系統。隨著人生持續不斷起伏波動，我們往往會積累執著、負擔和悲傷。我們緊抓著它們不放，緊到嵌入身體裡，造成身體系統流動的阻塞和中斷，這樣會對我們造成限制，無法接觸到可能是最好的自己──這種情形有時體現為大病小恙，或是對自己的力量缺乏信心，對宇宙缺乏了解。

當我們採用淨化治療的手法，身體會開始鬆開這些執著的心結，讓我們的能量場恢復平衡，行動也更自由而有力。這會導致我們的身體發生變化：不只是身體上的變化，例如大病小恙的治癒，還有非物質的變化和內在的變化，例如更相信自己，愛的增長，以及追求智慧增長。心靈和身體不分離，確實如此；它們在我們的精神領導下，作為一個整體一起行動。

如果你很久不讓自己發揮創造力
真的會開始感到不舒服
你生來就是該去創造
順其自然，不要想太多

我還沒有痊癒
我還不夠有智慧
我還在路上
重要的是我正在前進

我知道自己走在正確的道路上
我在平常會感到緊張的情況下
開始感到平靜

2 合一

找到療癒所需的工具

每次遇見更多的自己

我就更了解你也更愛你

當一個人從傷害自己的事物中走出來
並依靠自己的力量
就會在美麗中成長壯大

莫忘記那些人
即使在你最黯淡的時候
他們也在你身上
看出你的強大

好的決定從何而來？
來自冷靜的頭腦

如何判斷自己是否平靜？
看你置身風暴中保持淡定的程度

如何知道自己是否有所執著？
因為它會在你心中製造緊張

最偉大的革命在哪裡打贏的？
在心裡

你知道自己為什麼強大嗎？
因為你可以改變未來

為你的火添薪
淨化你的氣
照料你的土
處理好你的水

（自我照顧）

進步就是
原諒自己
花了這麼長的時間
才將我們的身體視為家

一生之中

我們可以重生許多次

於是她向前邁進，
多了一點點智慧，
一顆對愛更開放的心
還有接受深層療癒的心靈

（釋放）

我時時刻刻感到勝利與自由
我不會用自己所做的事或擁有的物
來衡量自我價值

支持你夢想與療癒的夥伴
是無價之寶，
是人間天堂

（無私的愛）

英雄
能夠治癒自己的傷口
並讓別人知道如何做到

當自由變得
比捍衛自我的恐懼更重要時
我開始說出自己的真實想法

她的重生令人驚嘆——
她從絕望的深淵中
振作起來
抓住夢想
牢牢銘記在心裡
向前邁入
只有她的意志與願景能夠掌控的未來

（復活）

2 合一

我閉上眼睛
向內觀照
發現一個等待探索的宇宙

我大部分的困惑和悲傷都來自於與自己隔絕。目前為止我走過最棒的旅程，是結束我與自身一切的疏離，將我的光明與陰暗連結起來，將我想知道的與我不想面對的結合在一起。只有透過這樣的合一與真實，我才開始對自己的存在感到回家般自在。

（歸家）

強迫自己快樂
既不真誠又無用

忠於我們的感受，
同時保持淡定與清醒，
才是真正的功課

提個醒：

成長的跡象就是
雖不好也沒關係

沉浸在痛苦中與明白在療癒的道路上，有些事情會出現，有時會讓我們感受到我們正在努力擺脫的舊情緒和舊模式，這兩者之間有著重要的區別。

尊重我們當下情緒的這個現實，會產生很大的力量──不是去助長這些情緒，或是讓這些情緒變得更差，而是單純地承認它既然在當下生起，就還會再發生變化。當我們在自己內心創造空間，一個平靜而不受風暴干擾的空間，風暴往往過去得更快。

在我們內心做到這樣深刻的誠實，對內在和外在生活各方面都有幫助──沒有誠實就不會有真正的自由，沒有誠實，就不可能有心靈平靜。

自我療癒並不是要常覺喜樂；執著於喜樂本身就是一種束縛。試圖強迫自己快樂會適得其反，因為它難免會壓抑當下有時嚴峻的現實，推回我們存在的深處，而不是讓它生起再放下。

自我療癒是為了拋開所有制約我們自由而採取的個人行動。

在這段旅程中，無疑會有喜樂，也會有艱難的時刻。真正的幸福與智慧的增長，來自於我們所經歷的現實，而不是轉眼即逝的瞬間喜樂。

2 合一

我體內的愛越多，
身體受到的傷害越小

我是誰一直在改變，
不是因為我虛假
而是因為我對成長與轉變
始終抱著開放的態度

這可能需要很長的時間，
但到頭來沒什麼要緊。
經過大量自我觀察的治療後
現在她有了力量，有了勇氣，
還有善用美德施展新魔法的智慧。
她不再逃避自己的痛苦或煩惱，
不再讓妄想占據心智，
不再懷疑她所見過最偉大的治療師
是自己那無條件的愛。

（你就是治療師）

親愛的月亮：

感謝你在陰暗中灑下光明，幫助我比以前更了解自己，賦予
地球時間和魔法，賦予夜空的星星秩序。你是洞見一切、了
解一切，卻不要求回報的母親。

2 合一

一直在尋求成長的人
我相信他們

一個不畏懼成長、
自由和茁壯成長的人
他的光芒不容忽視

找個可以一起癒癒的人

我想要一份不會破碎的愛
它在我被火吞噬的時候能給我水
在我迷失的時候為我提供庇護
幫助我看清楚
我尋找的英雄就是我自己

（同伴）

真正的愛始於
我們兩人都不再期待
轉而一心一意給予

現今有很多形式的愛都是有條件的，意思是我有一個想法，我希望我愛得很深的那個人能夠實現我的想法。有時候我們對最親近的人抱著希望和期盼，自認為這些都是為了他們「好」，所以不覺得這是一種有條件的愛。不知不覺中，因著我們設想對他們「最好的」，因而限制了我們的能力，無法給他們最好、最強大的愛；無私的愛讓他們有能力自行判斷，怎樣做對自己的人生最好。

我們認為是愛的東西，很多其實都是執著與期待。在感情關係中將重點放在付出並不容易；這是一種習慣，需要強化、重複、心靈療癒，才能讓我們無私的天性顯現出來，成為新的常態。當兩個人一心一意要為對方付出更多，就會產生特別融洽的關係，彼此之間的交流很微妙，意識不斷提高，會促成彼此都支持對方得到幸福。

我們可能會擔心：「我如何確保自己的欲求能得到滿足？」我們不如換成這樣問：「一心一意只求滿足我的欲望，真的能為我帶來幸福快樂嗎？」最幸福快樂的人，是成功淨化腦中所有制約與貪欲的人，他們的同情心和對愛的理解往往很強，以至於他們的人生自然而然以付出為中心。他們在這種

付出和心智清明中找到幸福快樂。

雖然我們大多數人的心靈還遠遠沒有完全自由，不過付出是我們所能啟動的最大的一種力量；付出不僅能支持我們身邊的人，也是遵循自然法則的明智之舉——畢竟我們所做的一切，最終都會以某種形式回到我們身上，這些始終值得我們去理解探討。如果每個人都一心一意只求付出，人人都能得到更多。

他們都錯了。
這種痛苦，這種心痛，
這些有害的習慣，
不會永遠持續下去

爲什麼？
因為心是水做的
而思想是火組成的──
兩者的本質都是變動無常的

療癒的意志可除去我們精神上最深的汙點

進步就是
意識到你的內心生起一場風暴
在它過去時保持冷靜。

「活在愛裡」是什麼意思？

意味著超越批判，讓我們能夠用慈悲的眼光去看這個世界，看自己。意味著讓愛的智慧來協調我們的行動，始終在深思熟慮後，採取利益眾生的行動，用我們踏出的每一步挹注人類整體和平。活在愛裡是允許我們以開放的心態生活，讓眾生都能分享我們的善意與寬容。採取行動之前問問自己：「愛會如何治療這個情況？」

我想生活在這樣的世界，
在那個世界裡傷害不會是全面性的，
愛組成了社會，
地球受到尊重，
生命高於一切

只要願意認識自己，
誠實面對自己
努力做到無條件地愛自己與一切眾生
就是為人類整體和平有所貢獻的英雄

有兩件事確實如此：

真正了解自己、愛自己的人，不會憎恨別人

就如我們立足並扎根於這個地球上，
地球會因為我們無條件的愛得到療癒和滋養

人性深似海，
然而我們大多數人終其一生
只了解表面
當我們決定深入自己的內心，
就啓動了個人進化的奇蹟

（深層的療癒）

雖然那痛苦曾經令人難以忍受
且揮之不去，
我今天所感受到的平靜
足以證明心靈有癒癒能力

一直以來我都在尋找知識，
其實我真正在找的是智慧

不是填滿我大腦的細節與事實這類訊息

而是以自由、療癒與洞察之光的經驗
充滿我的存在

（自由）

然後有這麼一天
我照鏡子時
看到了一萬張臉;
那一刻我明白了
我的身體裡不僅承載無數的故事
同時就在那個當下
我還存在於許多地方
許多時間

（永恆）

重生：

那一刻人們意識到自己的力量
開始走向自由

我的使命是用智慧治癒我的心靈
用愛注滿我的身體

讓自己
變得全然的快樂和自由
不管需要多少次的轉變

內觀可以總結如下：自我觀察，不加以批判地接受我們所發現的，放下它，真正的釋放會造成我們的轉變。

我們本來就一直在改變，但是當我們專注於療癒，就能朝著自己選擇的方向改變；這是我們有意識地取回自己力量的時刻。我們花在認識自己的每一刻，我們都會以新的面貌回歸。

只要是能讓心靈平靜、精神集中的，都會帶來淨化，釋除重壓在我們身上的陳年負擔。我們可以成功做到簡單的內觀，不過如果用經過驗證的治療方法，包括不同形式的冥想和瑜伽體位的練習等自我觀察，可以加速改變的過程。

不同的技法可以觸及不同的心靈層次。畢竟，只要是你覺得有挑戰性又不至於難以承受，還能為你帶來真正效果的練習，就是當下最適合你的方法。隨著進步，我們可能會採用更銳利的工具做更深入的治療。只要是可以治療內在的潛意識，為愛創造空間的工具，就足以徹底改變我們的人生。

當事情變得艱難時，請記住我們打造的不是什麼小東西，而是在自己的心中建築一座和平的殿堂。完成如此美麗又壯觀的工程，需要下決心與工夫。

想要改變自己的時候，不要一下子改變一切。先選好要關注
的幾件事。做好成功的準備是關鍵。

試圖一次改變太多事有時會令人無法承受。對一些改變堅持
到底，運用到生活中，直到成為新的正面習慣，幫助你為未
來的轉變奠定穩固的基礎。為勝利做好準備，可以幫助你積
聚動力；未來要實現更大的目標，需要堅持到底的時候，就
會更容易。

目標：

在高效與耐心之間
找到平衡點

放下
是治癒心靈的良藥

放下
是需要練習的習慣

放下最好是透過感覺
而不是思維

沉重感來自於緊緊抓住本應轉瞬即逝的情感。放下並不容易，尤其是在我們只知執著的時候。只因為我們還沒有學會放下，所以我們希望世事永遠不變，我們將困難的時刻變成持久的痛苦。我們也沒有學會，生命之美來自變化。放下並不代表忘記，也不表示放棄。它只是意味著我們不會讓發生過的事，或是我們希望未來發生的事，左右現在的幸福。

自我療癒的奇蹟毫無神祕可言；
促使我們
從痛苦走向內心的平靜
是勇氣、承諾與堅持不懈

我匯集自己的習慣

開始釋放一些

始終無法帶我走向

長久自由與快樂的習慣

我正騰出更多的時間
給讓我想要活出最好自己的人

隨著愛的增長，感受無形事物的能力與聽取永恆智慧的能力都在增強。走上通往自由之路改變了她；雖然她還是經歷著難以解脫的時刻，但是合一的感覺始終留存在她體內。如今生活在有限與無限之間那片芳草地上，她能感覺到自己內心的空間與地球之心和宇宙之心一樣。

（覺醒）

謝謝你讓我快樂

謝謝你支持我得到幸福

當我平靜時

就是我最強大的時候

從你所拒絕的
才能真正看出
你對自我成長的追求

當周遭一片混亂
最明智的選擇是去創造
內心的平靜

你的平靜會外擴
支持你創造新的和諧

（冥想）

我們生活在一個獨特的時代，恐懼和仇恨的情緒正在浮出水面，以便能夠徹底釋放，從而創造一個新的世界，在這個世界裡，制度化的傷害形式不再是我們生活中的部分。如果我們繼續逃避自己的黑暗，就無法治癒被忽視的事物，也無法幸福自由地生活——不僅於個人來說如此，也適用於全體人類。

就我個人而言，我的信心在於人。我們勇於向內求索，希望發掘並釋放所有阻礙我們成為無條件之愛的東西，這將為我們的世界帶來和諧與和平。當我們內心變得完整和充滿愛，最有可能與周圍的人合一。我們的頭腦和心靈不再對日常生活的痛苦做出反應，智慧就更容易流經我們。這並不表示我們會變得冷漠或疏遠；這意味著我們將學會冷靜地應對生活中不可避免的變化，而不會給自己帶來痛苦。我們將學會應對生活，而不是盲目地做出反應。

人類深深地影響著彼此，而世界對這種影響的理解才剛剛開始。當我們開始自我療癒時，就會掀起波瀾，將我們與過去已經療癒的人和未來將要療癒的人聯繫在一起。當我們自我療癒時，就會給需要更多支援的人帶來力量，讓他們踏上自己的療癒之旅。

當她回顧自己的過去時，
她發現自己走過的路
並不是一條簡單的直線。
在走向完全愛自己和愛世界的旅程中，
充滿了前進和後退、
曲折、迂迴，甚至還有一些停頓。
有時，她懷疑自己的進步、潛力，
甚至懷疑自己改變的能力。
但今天，憑藉經驗帶來的智慧，
她知道，如果沒有所做的每一次努力，
不可能取得今天的成就。

（經驗）

重大的轉變始於兩項承諾

勇於嘗新
並用新方法行事

具備誠實
不再逃避或欺騙自己

有能力用無條件的愛
採取行動和作為的人
將成為這個星球上的
治療者和英雄

（新的平衡）

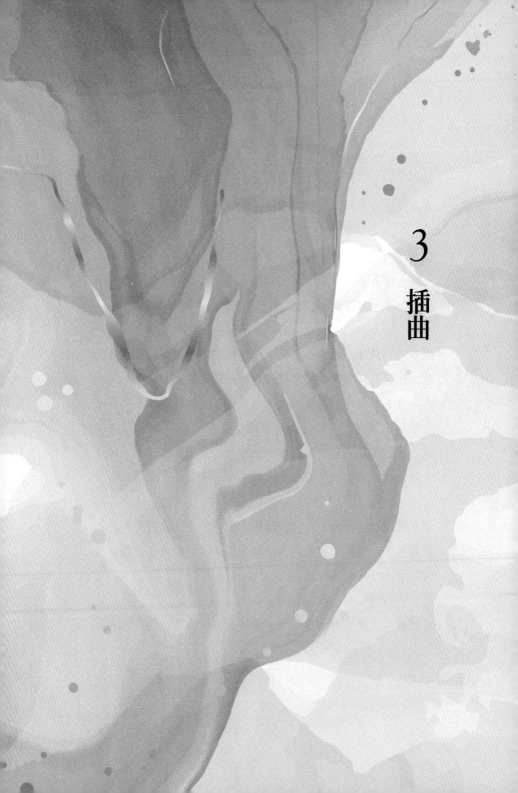

3

插曲

有個女人住在鄰近高山的小鎮上。她一生都住在她深愛的小鎮裡。鎮上的人對她的評價很高，欣賞她的善良與從容的態度。她過著平靜的生活，像一般人一樣工作。

親近的人都知道她一心一意專注於冥想，她每天靜坐好幾個小時，深入自我觀察。當人們問她為什麼如此重視冥想，她只會簡單地回答：「我喜歡學習，平靜對我而言很重要。」

隨著時光飛逝，她變得越發平和，眼中明顯綻放出聖潔的光芒──但是只有少數人意識到她內心發生巨大的變化。有一天，她告訴身邊最親近的人，她很快就會離開小鎮，獨自一人住到山頂附近。當被問到離開的原因，她只是說：「是時候了，我應該完全放飛自由。」有些人試圖勸阻她，不過大多數人都相信她，他們知道山就在附近，也就安心了。

十年很快悄悄地過去。自從她搬上山後，小鎮變得更平靜，更繁榮，人們開始把她視為守護天使；他們認為這應是她經常散發出好的能量所致。

這個女人逐漸成為一則活生生的傳奇。鎮上有一群年輕人，

對她還有模模糊糊的記憶。他們感到很好奇，也渴望從一個完全自由的人那裡求得智慧。眾所周知，她在這方面已經有所成就。他們從小到大沒見過她，但是都從敢於偶爾上山探望她的人那裡聽說一些故事。見過她的人受到啟發，精神煥發地回到鎮上。

有一天，這些年輕人鼓起勇氣，決定該去拜訪她了。他們整理了自己的問題，準備輕裝簡行上山去，希望這個女人能和他們分享她的清明。下面是年輕人與這位解脫者之間的問答。

他們問她：

「你是如何解脫的？」

她回答：

「擁抱自己的力量。」

他們問她：

「愛自己是什麼意思？」

她回答：

「發掘並釋放阻礙你獲得真正幸福的一切；去愛、尊重並接受你的每一部分，尤其是藏在暗處的部分。這表示以最誠實的態度且不帶任何批判，不斷地觀察自己。愛自己意味著努力達到理解自我的新高度，培養內心平靜所需的智慧。」

他們問她：

「拯救世界的關鍵是什麼？」

她回答：

「是你。你就是關鍵。治癒自己，了解自己，讓自己變得完整且自由。擺脫所有的限制，讓你的愛可以無條件地為自己和這個世界流動起來。這樣會打開你心靈的天堂，它會毫無疑問地指引你。」

他們問她：

「為什麼我們會在這個充滿苦難和絕望的時代？」

她回答：

「因為你們回應了召喚。大地呼喚英雄好漢，上天派出已經
準備好願意成長、以及釋放無條件之愛的人。你們來這裡是
要散發自己的療癒之光，獻上平衡與平靜給這個世界。」

他們問她：

「你富有嗎？」

她回答：

「是的。我花了很多年才有所成，如今在我心中有一座殿堂，是我用覺知、平和與智慧打造出來的。」

他們問她：

「什麼是真正的力量？」

她回答：

「真正的力量是覺悟到你是自己的治療者、英雄和帶領人，
親身實證這點。當你用慈悲與和平分享你悟到的真理，真正
的力量就在其中。當你的自由和智慧有所進展，你的力量會
隨之增長。真正強大的人不會傷害自己，也不會傷害他人；
相反的，他們用愛的能量，去豐富所知道的一切。」

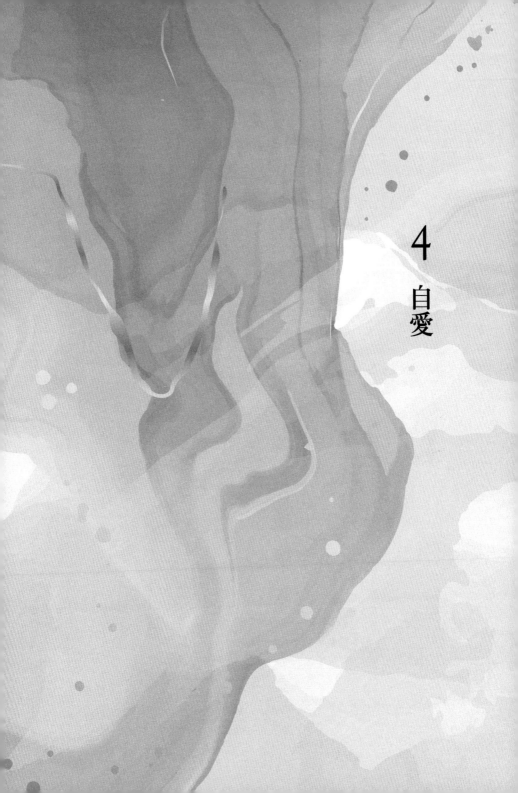

4

自愛

自愛是開始：

它是為你自己和一切眾生
開啓無條件的愛之門
最重要的部分

自愛是誠心誠意接受過去
是同意充分利用現在
是允許最好的事情在未來發生

（全心全意）

自愛是
養分
讓我們有
清明與力量
好好去愛別人

自愛是個人進化的具體表現

對自己誠實
是一種自愛的表現

自愛是
在你的生活中創造空間
去治癒身體和心靈

不要把自愛
和以為自己比別人好
混為一談

真正的自愛是接受
自己的一切
尤其是最陰暗的部分

我們越是自愛，
豐盛和奇蹟越容易流入我們的生活中

自愛有排除所有障礙的力量

透過自愛，我們可以遨遊宇宙

自愛
是為了自由
而完成需做的工作

自愛始於接受我們現在所處的境地和我們所承載的歷史，但是不限於此。自愛是個人進化所用的能量；自愛是兩個重要想法的交會與平衡：愛現在的自己，同時轉變成理想的自己。這兩種想法可能看似矛盾，其實兩者都是我們追求最終成功所需要的。如果沒有接受，要轉變成更快樂、更自由的我很難。為什麼？因為要改變和放下我們所憎恨的更難。

自愛幫助我們深入去研究自己，擺脫潛意識中影響我們行為和情緒的模式。明白內在的旅程是通往自由之路，觀察與擺脫我們內心的負擔會讓我們感覺更輕盈，更自覺，這才是真正的自愛。自愛不會助長自我，正好相反。承載貪欲的自我才導致我們受苦——以自我為中心，不斷渴求的貪欲才是阻止我們獲得自由的終極障礙。

既然真正的自愛
是通往無條件愛一切眾生的大門，
它肯定意味著
這個世界上有許多人
因為缺乏自愛而受苦

（失去的平靜）

你的自愛
是給地球服用的
一帖良藥

當你對自己的愛
越來越強大，
你所能創造的改變浪潮
也會越來越有力

自愛之美
美在它可以成長為
無條件的愛
結束所有的傷害

有了自愛，就有了決心和勇氣，以誠實為指引去深入內心。
這種內觀改變我們的存在，大大提高我們對自己是誰的覺
知、對宇宙的理解，還有個人的能力。這個過程會產生美好
的結果，那就是我們新生的慈悲之心不止於自己；它會豐盈
而滿溢，向外流淌，淌入他人的生活，如果能夠持續修習，
則有能力包容一切眾生。

這份日益增長的慈悲將成為愛的核心與積極元素，而這份愛
是無止境的。無條件地愛自己和他人，完全尊重我們身為
個體的主權，也尊重我們的力量，不允許自己受到任何人傷
害。這種無止境的愛也帶給我們新的恩典和清明，幫我們在
眾生身上看見自己，也更加了解眾生來自何處。它賦予我們
力量去善待眾生，支持芸芸眾生過著不再受傷害的生活。

無條件的愛可以為我們的世界帶來平衡。它所產生的清明可
以幫助我們更加理解傷害的根源，努力消除這些根源，讓所
有人都能擁有所需的外在自由，以實現內在的解脫。以愛為
主要動機，以善意的回應為主要行動方式，可以取代造成傷
害的貪婪和反應。為了在這個世界中締造這種轉變，許多人
都得做好自己內心的功課，深度療癒自己，卸下自己內心的

負擔，創造足夠的空間，讓自己的愛能夠深呼吸，擴展為無條件的愛。

當越來越多人進入這個無我的廣大領域，世界也會隨我們一起改變，也會明顯減輕貪婪，這是我們目前生活正經歷不平衡的關鍵。身為人類，我們的愛不需要完全無條件就能改變世界——每當我們集體的愛有所增長，就能創造更美好的未來。

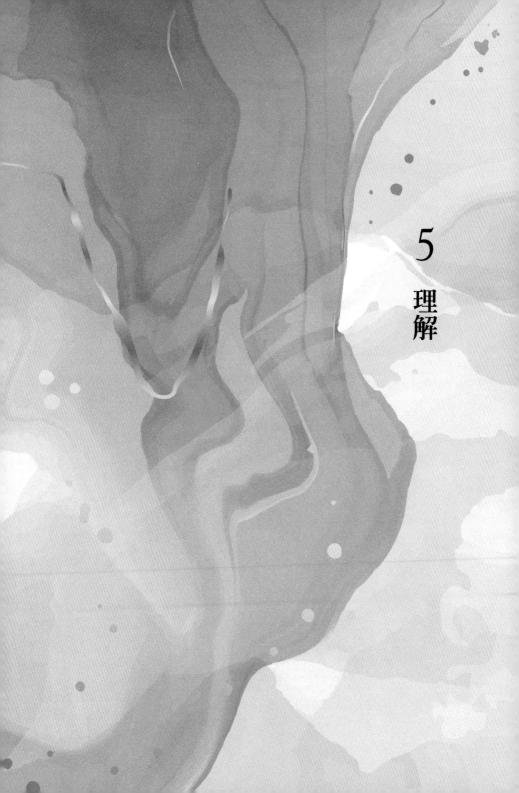

5

理解

自我療癒需要付出更多

多休息
多自愛
多放下
更多的時間學習
更大的空間轉變
更誠實地表達自己的感受
更多時間去養成好習慣
更有勇氣去嘗試新的作法
對自己和這個過程更有信心
花更多時間去培養內心的平靜

需要實踐和整合的東西：

無條件的自我接納
不傷害自己或他人
耐心而不自滿
付出而不貪求

我無法讓你幸福快樂，
但是我可以承諾支持你
創造自己的幸福快樂

期望別人為我們解決所有的問題，帶給我們想要的幸福，就好比指望不睜開眼睛就能看到日出。就好比請求河流滋養我們，手卻不伸進水裡。只能靠我們自己解開的謎題，別人無法解答。宇宙試圖啓發我們，賦予我們力量，因此我們是自己最偉大的治療師，只有這樣才合理。

幸福似乎難以捉摸。不管我們怎麼努力，無論外部環境如何，幸福都會來來去去。生命的海洋在平靜與風暴之間流動。要麼是身外之事造成我們陷入掙扎，要麼我們內心有什麼生起，要求我們承認和釋放。人是瞋和貪的累積，它們週期性地從我們的心靈深處生起，讓我們有機會去放下。為什麼？因為我們的本性是無負擔的；我們本就應該是輕盈自在的，敞開心懷接納愛的和諧和宇宙的智慧。

幸福雖然來來去去，但是我們確實有能力加深幸福的體驗，延長享受其美好的時光。要做到這一點，需要努力加強我們與自身的關係，才能發現阻礙我們得到滿足的事，並將它排除。

內在大幅成長的同時
也要尊重休息的需要

愛不是：

如果你為我做這做那
我就把它給你

愛是：

我會把它給你
好讓你能發光發亮

真愛不會傷人，執著才會

愛不會造成痛苦；執著才會。當我們想要緊緊抓住一個人或一件事，或是希望事情一定要如何發展，我們的心中就會產生執著。我們心中的執念一旦破滅，就會產生深深的撕裂感。撕裂感有多深，則要看我們對自己所創造的形象有多認同。當事情的發生與我們珍視的意象背道而馳，我們就會因為執念受到拉扯與破滅而感到痛苦。

執著不是真愛的一種。無條件的愛、無私的愛、無所求的愛，是更高形式的存在，它不會產生執念或意象。它是一種極度無我的狀態。指望和批判是未經訓練的心智反覆製造出來的執念，會造成更多的心結和負擔，阻礙我們獲得幸福。一般人的心會被自我的錯覺所遮蔽；自我將它所發現的一切分開、歸類、貼上標籤，造成我們的不滿與誤解。

所有的精神緊張都是來自於放不下

壓力和焦慮都是執著的產物；它們皆以貪欲的形式，讓我們
遠離當下，進入想像的領域，盜走我們的平靜。

欲求總是擾亂存在

平和使你強大
仇恨暴露你的空虛
寬容餵養你的快樂
憤怒洩漏你的恐懼
愛讓你自由

如何引導自己：

1.建立你和直覺之間的關係
2.勇於遵循直覺的指引

我能給你的東西
就是我已給自己的東西

我對這個世界的認識
就如對自己的認識

當她徜徉在深藏於心的智慧海洋，她深深明白萬物都是她的一部分，無一獨立於她之外。她帶著新發現的平靜，輕聲低語：「我就是世間萬物。」在那時，她意識到自身最強大的力量始終是愛自己的能力。

當謊言不再擋在
你和自己之間
就是完整的時候

如何改善你的人生：

1. 將自愛放在第一位
2. 學習自我療癒的技能
3. 建立日常療癒的空間
4. 明白世事都會變化
5. 對眾生友善、慈愛、坦誠

我不是來這裡競爭的

我是為了成長和自由而來

每當我們與別人競爭，我們就已經輸了，我們忘了人生不是一場非贏不可的比賽，而是為了建立內心平靜與智慧所踏上的旅程。當我們被自我的妄想沖昏了頭，就在心中製造了莫須有的競爭。社會等級的制約，再加上我們對「我」和「我的」的執著，創造出一種場景，其中只有少數人能夠成功。

建立在競爭基礎上的世界造成了人類飽受苦難──我們以為自己非贏不可，以為互相傷害才能生存，一旦屈服於這個設想，便遠離了個人和集體的自由。

擺脫這些受到制約的習慣固然很難，但卻是必要的，因為當我們放開自我的「我」，擺脫競爭的妄想，幸福感和內心的安全感就會有所增長。愛的智慧告訴我們，個人生活和集體生活需要重生與重組，才能支持所有人而不是少數人的福祉。愛教導我們，我們來這裡不是為了競爭，而是為了支持彼此的成長與幸福。

5 理解

無條件的愛不視任何人為敵人

我對美好未來的信心
來自於人
他們將無條件的愛
轉變為一種生活方式

如果想知道
你有多自由，
問問自己：
「我的愛能擴展到什麼程度？」

有一條路是我們可以走的
在那條路上
我們不再允許任何人傷害我們
同時無條件地去愛一切眾生

恐懼尋求控制
復仇延長痛苦
敵意擾亂和平
同理引發療癒
誠實卸除負擔
幸福則是放下

如果我們遠離自己

寂寞不會消失

日復一日重複：

注意在你腦海裡的故事
放下造成緊張的故事

有時候人們只是想要教你

未來如何不作為

每個人都是老師，但這不代表每個人都是對的。

人生當中，有時候我們會為身邊人樹立好榜樣，有時候卻沒能成為好榜樣。如果能夠認清自己的不完美，會幫助我們對眾生抱持同理心，視眾生為平等。

只是錯了一次，不意味永遠都是錯的。同樣的，只因為我們以為某人可能是錯的，並不意味著我們就是對的。大多數的情況下，我們缺乏完整訊息來形成既客觀又普遍的觀點。

重要的是記住，我們都是不完美的，都生活在自我的有限視角中。

努力從彼此身上學習，不做嚴厲和永久性的批判，是智慧的徵兆。

身為人類有一部分
在於有機會
寬恕他人並得到寬恕

我不確定什麼時候才能
完全自由和痊癒，
但是我知道
我會比這一生中所感受到的任何事
都更清楚地感受到

她是一個探險家，
不畏懼在自己的心靈和思想中旅行，
隨時準備好發現新的療癒空間——
無論覺知帶她去任何地方
都會卸下包袱
播下智慧

我見過最強大的人
是不傷害自己的人

是這樣的
當你放下你想要的東西，
它自己會找上你

努力實踐目標，同時又放下它，可能看似自相矛盾，卻是實現願望最快的方法。放下不等於放棄；而是走在這兩者之間輕鬆自如：繼續努力讓我們想要的現實成真，不讓我們的幸福被自己沒有的東西左右。如果我們仍然執著，往往會感到焦躁不安甚至痛苦。這會對我們的生命造成緊張，阻礙我們實現自己的願望。

有時候，即使我們不懂如何放手，還是有可能得到我們想要的；但是在這種情況下，我們可能留不住我們想要的，因為我們一直沒有解決緊張的根源，也就無法欣賞一開始我們就已經有的，甚至可能給我們帶來更多的痛苦。

當我們放下過去和未來，又會得到什麼呢？內心的平靜。無論外在環境如何，實現內心的平靜是一種高度的自由，它會讓祝福、奇蹟和成功流入我們的生活。幸福和感恩有著吸引力；這兩者的無欲無求會清出道路，讓新事物更容易到來。

水傳授靈活與力量
土表達堅定與平衡
氣歌頌才智與勇敢
火代表行動與成長

心靈是一座花園；
我們決定在裡面栽種什麼
將會決定我們的生機

當你的平衡與愛夠強大

不良情緒就無法傷害你

有時候
我們又回頭去重蹈覆轍
只為了讓我們記住
為什麼前進

給自己反應的空間和時間
而不是盲目反應
這是重新取得力量的重要途徑

身體知道自己需要什麼；
傾聽它——
不是傾聽心靈的渴求，
而是聽取身體的需要——
讓它引導你走向健康幸福

（直覺治療）

有勇氣拓展個人智慧與自我意識的朋友——
這些人很特別；
與他們保持密切關係

宇宙的力量
支持
努力自我療癒的人

平靜的心靈
有能力創造
祥和的世界

心靈狂亂而陰暗時，
可能是內心深處有東西浮出水面，
是積年的負擔尋求解脫。
呼吸，放鬆，然後放手。

（風暴）

心智健全即是不願意傷害

我握住恐懼的手，
尊重它的存在，
同時也感謝它教會我
幸福的存在超越恐懼所創造的界限

自由的人
沒有大師
只有自己

行動改變世界，但同樣重要的是，參與和開展行動，創造一個人人享有人權的世界——一個不存在系統性社會和經濟壓迫形式的世界。同樣重要的是在自己內心展開行動，專注於治療我們內在的貪婪、仇恨和恐懼；這些給我們的生活帶來這麼多的混亂，也是我們所經歷社會亂象的真正根源。

每個社會都是由相信、同意並延續特定故事的個體組成的，這些故事共同創造出我們所知的世界。如果我們選擇相信的故事改變了，如果我們開始明白，傷害別人實際是在傷害自己——這並不是比喻，就是字面上的意思，就像水對身體有益，毒對身體有害一樣——我們就會迅速進入一個新的世界。

快樂無法填滿內心
仇恨無法保證安全
憤怒無法讓你自由
只有愛能填補空虛
只有愛能締造和平
只有愛能解脫

愛是最強力且萬能的魔法形式

愛是全宇宙最堅固的建築材料

不只是在人與人之間的愛
還有賦予你力量
療癒自己並改變世界的愛

他們都知道在一起不是為了成全彼此，幸福是要靠自己創造
的。儘管如此，他們之間超凡的連結有個偉大的目的；這份
連結給他們足夠的時間和空間好好相愛，擺脫不被愛的心靈
緊張。他們對彼此的愛並不是目的，而是達到目的的一種手
段。這是一種不起眼的治療和滋養工具，卻能強化他們的心
靈，使他們的精神更強大，讓他們盡可能地深入探索自己的
內心，從而都能釋放所有限制他們幸福的流動，他們能在智
慧和共同理解的水域中自由自在徜徉。

（愛是一把鑰匙）

「『力量？』你說的『力量』是指什麼？」

「我是指你內心的平靜有多穩定；你對自我觀察能做到多誠
實而不加以批判；你對自己和眾生的愛無限大到什麼程度；
你想讓自己變得更好的意願有多強？」

勇氣　＋　放下　＋　自愛　＝　不斷增強的覺知

隨著深化認識自我與自我療癒的能力，
我們會更有能力仔細審視這個世界
還能更有效地療癒它

用愛療癒自己
是一個漫長的過程

用愛療癒世界
也是一個漫長的過程

我的反抗之道是愛得更多

每當我們被要求限制我們的愛，選擇性地去愛，愛我們自己的某些部分而不是其他部分，或者愛某些人而不是其他人時，我們跟著做，就是傷害自己，因為任何保留的愛都會成為我們存在的緊張。

永無休止的戰爭、不斷上升的貧困浪潮、我們的經濟為維持運轉所需的各種形式的暴力，以及人們期望我們對這一切漠不關心，都令人窒息，而且無時不在。當我們想到幸福時，重要的是要記住，一般來說，我們一起墮落，我們一起崛起。我們至今從未生活在這樣一個世界裡，即大部分人類不在為滿足物質需求而掙扎，也不在為爭取被當成人對待而鬥爭——無論我們是否意識到，我們人類都有一種不可思議的能力，能夠感受到他人的困境和掙扎，並受其影響。能量無障礙。

每當我們被要求閉上眼睛和心靈時，我們就會這樣做，因為這比接受需要治癒的世界和人類的責任更容易，因為這比理解治癒世界需要我們付出英勇的努力來治癒自己的內心世界更容易，我們正在使自己的未來之光變得黯淡。正是讓我們的愛積極地、無限地流動的挑戰中，我們才找到了更大程度

的個人解脫和眾生的全球解脫。

達賴喇嘛曾經說過：「慈悲是我們這個時代的激進主義。」這是真的。今天，我們用愛得更多來反抗。當我們能夠把彼此視為家人相待時，我們就會知道世界和平。

不要忘了傳送你的愛
下地
入水
上天

如何治癒這個世界？

透過療癒自己並支持身邊人的療癒。
讓愛充滿我的生命，
引導我的一舉一動。
明白如果造成傷害，
一定是方法不對。

覺察。

接納。

放下。

轉化。

因為只有置身在混亂之中仍保持平靜
才是真正力量的象徵

用自由的增長

來衡量你的成就

心靈的廣闊遠非意識所能理解。心靈的意識部分——我們感受和聆聽情感、記憶和思想運作的部分——看似龐大，但與潛意識相比卻非常渺小。冰山的小山頂漂浮在水面上，而它的大部分卻靜靜地坐落於水下，無法看見——山頂是可見的、突出的，但不可見的部分卻要大得多，而且對可見的部分有著巨大的影響，在很大程度上左右著它的運動。思維的運作方式與此類似；潛意識和長期積累下來的反應模式雖然大多不為人所知或被人遺忘，但對我們的日常行為有很大影響。

這就是為什麼自由的意義遠不止於行動不受限制、物質需求得到滿足或消除一切形式的外在壓迫。自由的深層意義在於，我們不能認為自己在意識層面上是自由的——意識可能認為是這樣的，但如果潛意識中仍然負載著思考模式，是會帶來痛苦、妄想和無休止的反應，那麼我們就還不是完全自由的。最大的壓迫者是未經訓練的心靈。

當我們開始進行心理療癒和訓練，這些教我們如何放手，如何以不再帶來痛苦的方式與生活的海洋互動時，我們的自由就在增長；當我們觀察自己的內心深處，開始放下堵塞潛意

識的執念和負擔時，我們的自由就在增長。當我們不渴求更
多的東西時，自由每時每刻都在發生。

當我們卸下過去的包袱和對未來具體事物的渴望時，心靈就
會得到淨化──尤其是當我們的幸福依賴於獲得這些事物
時。當我們能夠真正觀察當下，而不把自我投射到當下，心
靈就會變得清晰、強大，並有效地做出決定。自由是我們在
內心建立起來的。自由是一種習慣。

找回自我

釋放自我

目標：

養成平靜
開發智慧
擴大自由
幫助治癒世界

放下，
學習，
擴展——
我很高興工作正在進行

向眾生傳遞愛
願眾生繼續找回自己的力量
願眾生都能治癒自己和世界
願眾生幸福快樂且自由自在

眾生系列　JP0222

往內看 Inward

作者	揚‧裴布洛（Yung Pueblo）
譯者	夏荷立
責任編輯	陳芊卉
封面設計	兩棵酸梅
內頁排版	歐陽碧智
業務	顏宏紋
印刷	韋懋實業有限公司

發行人	何飛鵬
事業群總經理	謝至平
總編輯	張嘉芳
出版	橡樹林文化 台北市南港區昆陽街 16 號 4 樓 電話：886-2-2500-0888 #2738　傳眞：886-2-2500-1951
發行	英屬蓋曼群島商家庭傳媒股份有限公司城邦分公司 台北市南港區昆陽街 16 號 8 樓 客服專線：02-25007718；02-25007719 24 小時傳眞專線：02-25001990；02-25001991 服務時間：週一至週五上午 09:30-12:00；下午 13:30-17:00 劃撥帳號：19863813　戶名：書虫股份有限公司 讀者服務信箱：service@readingclub.com.tw 城邦網址：http://www.cite.com.tw
香港發行所	城邦（香港）出版集團有限公司 香港九龍土瓜灣土瓜灣道 86 號順聯工業大廈 6 樓 A 室 電話：852-25086231　傳眞：852-25789337 電子信箱：hkcite@biznetvigator.com
馬新發行所	城邦（馬新）出版集團 Cité（M）Sdn. Bhd.（458372U） 41, Jalan Radin Anum, Bandar Baru Seri Petaling, 57000 Kuala Lumpur, Malaysia. 電話：+6(03)-90563833　傳眞：+6(03)-90576622 電子信箱：services@cite.my

一版一刷：2024 年 6 月
ISBN：978-626-7449-11-0（紙本書）
ISBN：978-626-7449-08-0（EPUB）
售價：350 元

城邦讀書花園
www.cite.com.tw

版權所有‧翻印必究（Printed in Taiwan）
缺頁或破損請寄回更換

國家圖書館出版品預行編目（CIP）資料

往內看／揚‧裴布洛（Yung Pueblo）著；夏荷立譯. --
一版. -- 臺北市：橡樹林文化出版：英屬蓋曼群島商家
庭傳媒股份有限公司城邦分公司發行，2024.06
面；　公分. --（眾生；JP0222）
譯自：Inward
ISBN 978-626-7449-11-0（平裝）

1.CST: 靈修

192.4　　　　　　　　　　　　　　113004955